Le Message
d'un maître

Catalogage avant publication de Bibliothèque et Archives nationales du Québec et Bibliothèque et Archives Canada

McDonald, John, né 1889

Le message d'un maître : une fable sur la richesse, la sagesse et les secrets du succès

Traduction de : The message of a master.

ISBN 978-2-89225-812-7

1. Succès. 2. Réalisation de soi. I. Titre.

BJ1611.M47514 2013   158   C2013-940563-1

Adresse municipale :
Les éditions Un monde différent
3905, rue Isabelle, bureau 101
Brossard, (Québec), Canada
J4Y 2R2
Tél. : 450 656-2660 ou 800 443-2582
Téléc. : 450 659-9328
Site Internet : www.umd.ca
Courriel : info@umd.ca

Adresse postale :
Les éditions Un monde différent
C.P. 51546
Greenfield Park (Québec)
J4V 3N8

Cet ouvrage a été publié en langue anglaise sous le titre original :
THE MESSAGE OF A MASTER
Publié par New Word Library et édité
par Katherine Dieter et Marc Allen
14, Pamaron Way, Novato, CA 94949
All rights reserved

©, Les éditions Un monde différent ltée, 2013
Pour l'édition en langue française

Dépôts légaux : 2ᵉ trimestre 2013

Bibliothèque nationale du Québec
Bibliothèque nationale du Canada
Bibliothèque nationale de France

Conception graphique de la couverture :
OLIVIER LASSER et AMÉLIE BARRETTE

Version française :
JEAN-PIERRE MANSEAU

Photocomposition et mise en pages :
LUC JACQUES [CompoMagny enr.]

Typographie : ITC New Baskerville corps 12,5 sur 14,5 pts

ISBN 978-2-89225-812-7
(Édition originale : ISBN 0-931432-95-2 New World Library, CA)

Nous reconnaissons l'aide financière du gouvernement du Canada par l'entremise du Fonds du livre du Canada (FLC) pour nos activités d'édition.

Gouvernement du Québec – Programme de crédit d'impôt pour l'édition de livres – Gestion SODEC.

Gouvernement du Québec – Programme d'aide à l'édition de la SODEC.

IMPRIMÉ AU CANADA

John McDonald

Le Message d'un maître

Une fable sur la richesse,
la sagesse et les secrets du succès

UN MONDE ♔ DIFFÉRENT

*À mon frère, dont la naissance,
à un moment décisif de ma vie,
a apporté à ma famille réconfort
et bonheur.*

– John McDonald

Table des matières

Préface de l'éditeur

*D*écouvrir un livre tel que Le Message d'un maître *est l'une des plus grandes joies de mon travail et de ma vie.*

Comme plusieurs découvertes, celle-ci est venue d'une source inattendue. Un camionneur qui nous livrait un chargement de livres pensa que nous souhaiterions probablement traduire un de ses livres préférés, écrit il y a plus de trois quarts de siècle, et dont l'édition était alors épuisée : The Message of a Master. *Il nous donna son seul exemplaire, une petite édition cartonnée très usée.*

Nous avons trouvé très peu de renseignements concernant l'origine de ce miraculeux petit chef-d'œuvre. Il fut publié pour la première fois en 1929 par California Press, une entreprise qui n'existe plus aujourd'hui. Et nous n'avons pas pu trouver la moindre information à propos de son auteur. Nous savons seulement qu'il devait être une personne exceptionnelle pour avoir rédigé un livre d'une telle simplicité, utilité et puissance.

C'est une œuvre à étudier en profondeur. Et comme l'auteur l'écrit dans son bref message au lecteur : « Si certaines idées vous viennent à l'esprit concernant votre travail ou vos ambitions, mettez de côté ce livre pendant quelques instants et réfléchissez à ces idées. Plusieurs concepts avantageux se sont dévoilés de cette façon à des lecteurs. »

J'ai étudié ce livre à fond, et je vais continuer de le faire. C'est un puissant outil de changement.

Michel Ferron
Éditions Un monde différent ltée

À l'intention du lecteur

*L*es pages suivantes sont le résultat d'une série de notes réunies et consignées par écrit sous la forme d'un récit, et d'une méthode d'actions pratiques. L'ordre d'origine a été soigneusement observé afin que leur valeur, pour le lecteur, ne soit pas diminuée.

Ce livre ne prône ni croyance ni dogme, mais enseigne d'une façon simple, claire et compréhensible, petit à petit, une marche à suivre pratique et réalisable, basée sur la Loi Universelle, pour acquérir la maîtrise de nos conditions de vie.

Il renferme très certainement à travers ses pages un « ingrédient » indéfinissable qui véhicule un merveilleux pouvoir de bienveillance, qui imprègne le lecteur d'une prise de conscience et d'une conviction dynamiques de ce que ce livre enseigne.

Ce livre ne doit pas être lu à la hâte, superficiellement. Il faut l'étudier si on veut recueillir la sagesse inestimable qu'il contient. On vous conseille vivement, après l'avoir lu une ou deux fois, de lui accorder une étude approfondie, réfléchie et consciencieuse.

Lisez-le comme s'il s'agissait d'un message adressé à vous seul. Essayez de résoudre chaque proposition à votre propre satisfaction, et de bien saisir l'esprit derrière les mots. Mettez ensuite en application les enseignements de ce livre pour qu'ils s'accordent à votre nature et à votre compréhension. Si certaines idées vous viennent à l'esprit au sujet de votre travail ou de vos ambitions, mettez ce livre de côté pendant quelques instants et réfléchissez à ces concepts. Plusieurs idées avantageuses se sont présentées de cette façon à des lecteurs.

Je suis persuadé que plusieurs parmi vous sont aussi sceptiques que je l'ai été moi-même presque toute ma vie, relativement à tout ce qui touche à l'extraordinaire. Je propose le récit suivant et cette méthode d'actions pratiques aux lecteurs. Lisez ce livre avec l'esprit ouvert à ses innombrables possibilités. Il est à prendre ou à laisser, comme bon vous semble.

Première partie

LA QUÊTE

1

*Je suis maître de ma propre destinée,
et je peux faire de ma vie tout ce que
je veux qu'elle devienne.*

C'était un vendredi après-midi et je revenais d'un repas que nous avions prolongé jusqu'à une heure avancée. Les employés étaient partis pour la journée et je me retrouvai seul au bureau. Depuis un certain temps, les affaires avaient décliné de façon régulière et je m'en inquiétais. De plus, j'avais mis une trop grande partie de mes liquidités dans un investissement risqué, qui s'avérait un échec. Bref, les choses allaient mal ; à dire vrai, j'étais aux prises avec quelques-uns des plus graves problèmes de ma carrière d'homme d'affaires.

Tandis que j'étais plongé dans mes pensées à essayer de résoudre certaines de mes difficultés, le téléphone sonna. J'entendis la voix familière d'un vieil ami, et j'en fus alarmé. Moins d'un mois auparavant, il était parti pour l'Europe sur le conseil pressant de son médecin. Celui-ci lui avait suggéré de faire un voyage en mer, dans l'espoir qu'un tel changement améliorerait sa santé. Il avait été profondément inquiet à propos de problèmes qui, curieusement, ressemblaient beaucoup à ceux que j'éprouvais à ce moment-là, et il avait fini par sombrer dans une véritable dépression nerveuse.

L'impression que je gardais de lui et de notre dernière rencontre était particulièrement triste : il avait l'air misérable, défait et vaincu, et je me demandais si je le reverrais un jour. Mais voilà qu'il était de retour, et de grands changements s'étaient produits en lui.

Il s'exprimait avec un tel sentiment de puissance et une telle conviction que je lui ai dit qu'un miracle avait dû se produire. Il m'assura que j'avais deviné juste.

« Je sais que vous êtes surpris que je sois de retour si rapidement; vous vous attendiez probablement à ne plus jamais me revoir ! Mais je suis là, et je suis l'homme le plus chanceux en ce bas monde. J'ai appris une chose dont j'ignorais l'existence. Désormais, plus rien ne m'est impossible. Je peux tout faire. Je suis maître de ma propre destinée, et je peux faire de ma vie tout ce que je veux qu'elle soit. N'allez pas imaginer que je suis devenu fou. Attendez donc auparavant d'entendre mon récit. »

J'ai ri nerveusement, mais c'était un rire exprimant de la surprise et de l'inquiétude. Je lui demandai s'il avait découvert une nouvelle religion.

« Oh non, cela n'a rien à voir avec quelque religion que ce soit. Cependant, j'ai rencontré un homme, un véritable maître, un être merveilleux qui a développé ses pouvoirs de telle sorte qu'il peut tout accomplir. Il m'a enseigné un secret d'une valeur inestimable. Vous savez que j'avais perdu ma santé et tout mon argent. Eh bien, j'ai recouvré la santé, et je vais bientôt refaire fortune.»

Évidemment, j'étais désireux d'entendre son histoire, et nous décidâmes de nous retrouver le soir même à notre club.

«Venez m'y rencontrer ce soir, et je vous raconterai des choses extraordinaires qui pourraient se produire dans la vie de tout le monde», dit-il.

Je restai pendant quelques minutes comme dans un rêve, complètement absorbé par tout ce que ce vieil ami allait peut-être me révéler. J'avais soudain l'impression que mon bureau était devenu trop petit pour ce que contenait mon cerveau, que j'étais devenu trop grand pour cette pièce, et qu'il me fallait sortir dehors pour retrouver ma taille normale au grand air.

Je me sentais fiévreux d'excitation. J'avais l'impression que son histoire me réservait quelque chose de merveilleux, et j'étais anxieux de l'entendre. Je passai le reste de la journée à arpenter inlassablement les rues, et je me sentis grandement soulagé quand l'heure du rendez-vous arriva enfin.

À mon arrivée au club, on m'annonça que mon ami venait de téléphoner pour m'aviser qu'il avait un empêchement, et ne pourrait pas me rencontrer avant le lendemain soir. En repartant, je tombai par hasard sur trois amis qui l'avaient déjà croisé. Ils étaient très touchés par les grands changements survenus chez lui. Je partis sans dire grand-chose; je me sentais triste, déçu, et je marchai à la tombée du jour jusque chez moi.

Je passai la plus grande partie de la nuit en pleine confusion, trop agité pour dormir. Toute cette affaire avait dû probablement surgir dans son esprit à cause de sa faible condition physique. Il était complètement ridicule de ma part de croire à un tel conte de fées.

Mais pour une raison ou une autre, ce conte de fées s'imposait à moi, et je me consolai à la perspective d'en savoir davantage le lendemain.

Il m'a enseigné un secret d'une valeur inestimable. Vous savez que j'avais perdu ma santé et tout mon argent. Eh bien, j'ai recouvré la santé, et je vais bientôt refaire fortune.

2

De telles situations extraordinaires arrivent fréquemment à la plupart d'entre nous, mais nous en faisons peu de cas par manque de compréhension, et parce que nous croyons que ce ne sont que de simples coïncidences.

Le lendemain soir, mon ami arriva au club dans une voiture neuve, très dispendieuse. Nous nous rendîmes dans ce véhicule de luxe à un restaurant du voisinage et là, dans un coin plus tranquille de la salle à manger, nous pûmes discuter tout à loisir sans être dérangés.

Des changements miraculeux s'étaient réellement produits en lui.

Rayonnant de santé et de vitalité, il était calme, posé, d'une façon qui inspirait l'admiration et la confiance. Je me sentais parfaitement à l'aise en sa compagnie, tout en percevant en lui la force d'une quelconque présence que je ne parvenais pas à comprendre ni à définir.

J'avais du mal à dissimuler mes émotions. J'étais convaincu qu'il détenait quelque chose dont j'avais grandement besoin, et j'éprouvais en même temps l'étrange inquiétude qu'un événement imprévu m'empêche de l'obtenir.

Nous restâmes silencieux pendant un moment, puis il me demanda s'il avait l'air différent du jour de son départ. Je reconnus qu'il était pour moi à la fois une révélation et un mystère. Il se mit à me raconter son histoire.

«Quand je suis parti, ma vie était dans un tel gâchis que j'ai envisagé le suicide, mais j'avoue que j'avais trop peur de la mort. J'avais tout aussi peur de la vie, et je ne parvenais pas à trouver le repos. La seule façon de m'apaiser consistait à bouger constamment. Je présume que je me considérais comme un cas désespéré.

« Dans un théâtre à Londres, j'ai rencontré un homme qu'on désigne comme un Maître. Je suis très reconnaissant maintenant d'avoir le privilège de l'appeler mon ami.

« Quand je repense à cette soirée londonienne, je me rends compte que mon total désespoir et mon désir intense de trouver un réconfort nous ont réunis, mon ami et moi. J'avais demandé une place bon marché au théâtre, mais pour une raison inexplicable, je me suis aperçu qu'on m'avait accordé l'une des plus chères, dans une loge. De telles situations extraordinaires arrivent fréquemment à la plupart d'entre nous, mais nous en faisons peu de cas par manque de compréhension, et parce que nous croyons que ce ne sont que de simples coïncidences. Mais maintenant, je sais qu'il en va autrement.

« Je sentais que cet homme était conscient de mon malaise et que ce n'était pas un être ordinaire, car un rayonnement merveilleux émanait de lui. J'éprouvai une envie irrésistible de lui ouvrir mon cœur. Quelque chose me disait que j'avais la chance d'être en présence de l'un de ces éminents êtres spirituels dont j'avais découvert l'existence dans certains livres plusieurs années auparavant. Croyez-le ou non, mais sa seule présence me fit immédiatement beaucoup de bien.

« Après le spectacle, il m'invita à l'accompagner dans un café à proximité de là. À notre entrée, je remarquai que l'attention des gens se concentra sur lui, et le personnel du café le traita d'une manière particulièrement respectueuse et courtoise. J'avais le sentiment que cet homme possédait une sorte de pouvoir magique, et j'étais déterminé à lui poser toutes les questions qui me viendraient à l'esprit. S'il me le permettait, je souhaitais prendre en note ses réponses.

« Il me dit qu'il prenait un navire pour New York le lendemain ; je lui demandai si je pouvais l'accompagner, et il accepta. À la fin de notre conversation, il inscrivit simplement ses initiales sur l'addition. Comme nous sortions pour héler un taxi, je lui demandai s'il venait souvent dans ce café. Il me répondit que c'était la première fois, mais il m'assura que l'addition serait payée : "J'ai mis mes initiales simplement pour vous démontrer qu'en adoptant la bonne attitude, vous pouvez maîtriser chaque situation."

« Je ne comprenais pas bien ce qu'il voulait dire, mais j'espérais que cela devienne plus clair pour moi par la suite.

« Avant de m'endormir ce soir-là, je ne cessai de passer et de repasser dans ma tête les événements de la soirée. Par moments, j'avais du mal à croire que ma chance était bien réelle, et non pas un simple rêve. Je dormis paisiblement cette nuit-là, pour la première fois depuis des mois. »

Je sentais que cet homme était conscient de mon malaise et que ce n'était pas un être ordinaire, car un rayonnement merveilleux émanait de lui. J'éprouvai une envie irrésistible de lui ouvrir mon cœur.

3

Croyez-moi, vous pouvez obtenir tout ce que vous voulez en abondance si vous apprenez à vous harmoniser avec votre véritable pouvoir intérieur, un pouvoir infiniment plus grand que l'électricité, un pouvoir que vous possédez depuis toujours.

« Je me levai tôt le lendemain matin, pressé de voir ce que la journée allait m'apporter, et je voulus réserver immédiatement une place sur le navire. Un employé m'annonça que la liste des passagers était complète, mais au moment où je m'apprêtais, déçu, à faire demi-tour, il me rappela pour me dire qu'une réservation venait tout juste d'être annulée et que je pouvais en profiter. J'étais certain que cela était attribuable à ce que j'appelais alors "la magie" de mon ami, et j'avais raison, car plus tard il reconnut avoir obtenu une place pour moi.

«À cette époque, je ne savais pas comment fonctionne ce genre de chose. Mais je le sais maintenant, et c'est tellement simple, que cette simplicité fait en sorte qu'on ne s'en rend pas compte.

«Quoi qu'il en soit, je montai sur le navire. Mon ami arriva avec son adjoint et, comme d'habitude, il fut entouré de gens désireux de l'assister. Je passai la plus grande partie du voyage avec lui et il semblait apprécier ma compagnie.

«Le premier soir, je lui rendis visite dans son salon luxueusement meublé. Il avait toujours ce qu'il y a de mieux autour de lui dans tous ses déplacements. Il me parla des forces merveilleuses que nous possédons tous,

des forces que nous laissons dormir au
fond de nous à cause de notre manque
de compréhension. Il me fit à plusieurs
reprises une démonstration des pouvoirs
qu'il avait développés. Il accomplissait
des choses réellement étonnantes.

« Il me demanda : "Pourquoi ne
pourriez-vous pas faire ce que je fais ?
Pourquoi tout le monde ne fait-il pas ce
que je fais ? Je n'ai aucun pouvoir que
vous ne possédez pas vous-même. Voici
ma réponse : tous les gens pourraient
faire comme moi s'ils connaissaient
la Loi Universelle. J'ai développé en
moi ces pouvoirs, tandis que vous avez
gaspillé et éparpillé les vôtres, car vous
n'avez tout simplement pas compris
les principes en jeu. Tous utilisent le
même pouvoir, car dans l'univers il
n'existe qu'un seul pouvoir. Cette règle
saute aux yeux comme vous allez bientôt
le voir."

« Il enchaîna : "La plupart des gens
utilisent la Loi d'une manière destructrice,

ou du moins partiellement destructrice, et par conséquent la balance ne penche pas de leur côté. De temps à autre, nous croisons des individus remarquables qui sont parvenus à la réussite ou à la notoriété. Nous considérons que certains de ces êtres sont chanceux ou géniaux, mais ces deux termes sont erronés. La chance et le génie n'ont en fait pas grand-chose à voir avec leur succès. À vrai dire, ils ont utilisé la Loi, consciemment ou inconsciemment, avec suffisamment d'efficacité pour faire pencher la balance en leur faveur. C'est on ne peut plus clair pour celui qui sait!"

« Il me donna un exemple inté-ressant : "Avant la découverte de la loi régissant l'utilisation de l'électricité, cette grande force était en sommeil dans tout l'univers, du moins en ce qui concerne l'humanité. Nous devions d'abord découvrir cette loi avant de pouvoir l'utiliser à notre avantage. C'est exactement le même principe en ce qui a trait à la Loi Universelle."

« "Le bonheur est l'héritage légitime de l'humanité, c'est le sommet de toutes les aspirations. Notre âme le réclame à grands cris, mais plusieurs d'entre nous se méprennent, et croient qu'il suffit de gagner suffisamment d'argent pour parvenir à la satisfaction ultime. Pourquoi en est-il ainsi? L'argent n'est rien d'autre qu'un moyen pour parvenir à une fin. C'est la motivation qui nous pousse à rechercher le but suprême : le bonheur. Il est vrai que dans ce monde il ne peut y avoir d'accomplissement et de bonheur sans une certaine quantité d'argent. L'activité consistant à gagner de l'argent est donc digne et louable."

« "Pourquoi tant de gens souffrent-ils de toutes sortes de manques, de misères et de malheurs? À bien y réfléchir, il est ridicule que ces êtres, quelle que soit leur situation dans la vie, s'imaginent être condamnés par le destin à manquer de tout ce qui pourrait contribuer à leur bonheur, et à celui de leur famille."

« "Quelqu'un a découvert la loi régissant l'utilisation de l'électricité et nous avons obtenu la radio. Aujourd'hui, des millions de gens sont heureux de pouvoir s'en servir. Ils se branchent sur la station qu'ils veulent, et ils la captent. Il y a là une grande leçon, car croyez-moi, vous pouvez obtenir tout ce que vous voulez en abondance si vous apprenez à vous harmoniser avec votre véritable pouvoir intérieur, un pouvoir infiniment plus grand que l'électricité, un pouvoir que vous possédez depuis toujours.

« "Le capitaine de ce navire pourrait tout aussi bien en être le propriétaire plutôt que d'en être seulement le commandant. L'un et l'autre poste ne sont pas plus difficiles à atteindre l'un que l'autre. Il est parvenu avec succès à obtenir le commandement de ce navire, tandis que la possession de ce vaisseau lui a probablement paru hors d'atteinte. Voilà tout. La réelle différence entre les deux postes se résume simplement à la différence entre deux mots, rien de plus, comme vous le verrez très clairement un peu plus tard."

« Chaque soir, dans ma cabine, je restais éveillé jusqu'au petit matin, à relire mes notes et à préparer des questions pour la journée suivante. Il me dit que j'étais très réceptif à cause de mon vif désir d'apprendre, de ma sincérité et de ma confiance, et que c'était un plaisir pour lui de m'instruire. J'étais rempli de gratitude, et aucun prix n'était trop élevé, aucun sacrifice trop grand pour les connaissances que je recevais de cet homme.

« Je lui ai demandé quand et comment il avait découvert un tel secret. Il me répondit : "Je n'ai rien découvert et pour moi ce n'est pas un secret. Ces connaissances remontent aussi loin que le début de nos archives familiales. Je les utilise parce que je sais que c'est la voie la plus facile et la plus sûre pour atteindre un but. Vous n'avez connu que la voie difficile et incertaine, comme la plupart des gens."

« Il ne semblait jamais vouloir s'accorder quelque crédit que ce soit, répétant sans cesse qu'aucun crédit ne lui était dû. »

J'ai développé en moi ces pouvoirs, tandis que vous avez gaspillé et éparpillé les vôtres, car vous n'avez tout simplement pas compris les principes en jeu.

4

Il n'y a aucune limite à vos possibilités !
Vos succès vont se multiplier et croître
proportionnellement à votre maîtrise
de la Loi.

« Je recouvrai rapidement ma santé et mes forces, et je devins animé d'une ambition irrésistible de tout recommencer à zéro. Je m'en voulais d'avoir gâché autant de précieuses années, en raison des efforts infructueux de mon ancienne façon d'agir, et j'étais très désireux de tout reprendre sur de nouvelles bases.

« Ce voyage se déroula si rapidement que ce fut bientôt le moment de quitter quelqu'un à qui je m'étais profondément attaché, à qui j'étais tellement redevable. En lui tendant ma carte, je lui demandai la sienne. Il me répondit : "Je n'ai ni carte, ni nom, ni adresse. Je suis comme le vent. Je viens de nulle part et je vais partout. Si vous voulez absolument me nommer, appelez-moi simplement, mon ami." Je lui ai dit que je préférerais l'appeler maître, mais il me répliqua :

"Non, non, pas maître. Juste mon ami. Cela conviendra."

« Il jeta un coup d'œil à ma carte et ajouta : "J'apparais dans les endroits les plus inattendus. Peut-être vous retrouverai-je bientôt. Je vous écrirai."

« Je n'oublierai jamais les dernières directives qu'il me donna au moment de notre séparation. Je me sentais comme un enfant s'apprêtant à quitter ses parents. Il m'a dit : "Vous avez beaucoup de chance. Songez à ces millions de gens doués et très talentueux qui ne savent pas ce que vous savez, parmi lesquels plusieurs sont dotés de grandes aptitudes pour la réussite et le leadership, et dont les exploits signifieraient tellement pour tant de gens.

« "À vrai dire, ils ne cessent de lutter et de s'épuiser, ils gaspillent leur précieuse énergie vitale, avec pour seul résultat de se retrouver insatisfaits, découragés, abattus et désespérés comme vous l'étiez. Bien qu'ils soient stimulés par cette étincelle divine, par ce besoin impérieux grâce auquel ils savent instinctivement qu'une autre voie existe ; ils ne parviennent vraiment pas à la trouver. Ils finissent, après des années d'efforts, par se considérer comme des ratés.

« "Maintenant vous pouvez éviter tout cela ! Rentrez chez vous, vous avez appris tout ce dont vous avez besoin. Si vous suivez les directives que je vous ai données, vous obtiendrez tout ce que vous voudrez. Vous atteindrez n'importe quel but facilement et rapidement. Il n'y a aucune limite à vos possibilités ! Vos succès vont se multiplier et croître proportionnellement à votre maîtrise de la Loi. À chaque succès, votre confiance en la Loi en ressortira renforcée, jusqu'à ce que vous atteigniez ce point où vous serez totalement convaincu. Alors, vous serez invincible.

« "N'oubliez pas mon avertissement : ne révélez rien de tout ce que je vous ai dit, même à votre ami le plus proche. Car si vous le faites avant d'avoir retrouvé toutes vos forces grâce à la Loi, cela ne fera qu'entraver vos projets. Vous éparpillerez alors vos forces et affaiblirez leur pouvoir au détriment de votre propre bien.

« "Gardez donc votre secret bien verrouillé au fond de votre cœur. Vous ne serez jamais capable de résoudre les problèmes de quelqu'un d'autre, de même qu'un autre être ne pourra résoudre les vôtres. C'est une démarche strictement individuelle. On ne peut rien accomplir tant qu'on n'a pas découvert le fonctionnement de cette force intérieure, et qu'on ne l'a pas mise en action; or cela doit se faire individuellement. Il n'y a pas d'autre voie.

« "Je n'ai aucun doute que vous réussirez partout selon vos souhaits. Le temps viendra où vous prendrez vos distances vis-à-vis des buts matériels, et consacrerez votre vie à l'humanité, en l'aidant à se libérer des chaînes du besoin, de la misère et du malheur."

«Je me séparai à regret de mon bienfaiteur. Il monta dans un taxi avec son adjoint et donna l'adresse de son hôtel. Je marchai dans la rue, inconscient de la foule qui m'entourait, envahi par une telle exaltation que j'avais l'impression de flotter plutôt que de marcher.

« Pendant mon voyage de retour dans le train, je veillai à éviter tout contact superflu avec les autres passagers. Je restai seul, préférant m'isoler pour réfléchir. Je ne pouvais envisager l'idée de gaspiller la moindre parcelle de mon temps dans des conversations oiseuses. Cela m'apparaissait maintenant d'une telle inutilité à cause de tout ce qu'il me restait à accomplir.

« Je n'avais plus qu'un but impérieux, qu'un objectif bien captivant : mettre à l'épreuve mes nouvelles connaissances, et je ne pouvais me permettre de perdre une seule journée. Rien d'autre ne m'intéressait, rien d'autre n'avait d'importance.

« Voilà, pour l'instant, tout ce que je peux révéler de mon histoire. J'espère que vous la trouvez encourageante, et que vous finirez par en découvrir davantage, par la suite. »

J'étais déçu que ce vieil ami ne puisse pas éclairer davantage ma lanterne. Il m'assura qu'il ferait en sorte de me faire entrer en contact avec le maître dès que celui-ci viendrait. Cela ne fit qu'accroître mon impatience et je lui dis : « Je ne peux pas attendre son arrivée. Peut-être ne viendra-t-il jamais ? Donnez-moi le nom de son hôtel et j'irai le voir. »

Il resta calme et posé, ce qui n'était pas dans ses habitudes, se contentant de me répondre simplement et franchement qu'il n'avait pas entendu le nom de l'hôtel.

Si vous suivez les directives que je vous ai données, vous obtiendrez tout ce que vous voudrez. Vous atteindrez n'importe quel but facilement et rapidement.

5

Je fonctionne selon une loi infaillible et précise… Je connais le résultat avant même de commencer.

Il ne me restait qu'à me remettre au travail de mon mieux, à attendre et à espérer, tandis que mon vieil ami reprenait ses activités à la Bourse. Il demeurait assez secret et ne mettait guère ses proches au courant de ses affaires. Nous le rencontrions de temps à autre au club, mais aucun de nous ne semblait avoir le courage de lui poser des questions concernant les changements survenus dans sa vie, et il parlait de tout sauf de cela.

Cependant, en peu de temps, ses affaires se développèrent à un point tel qu'il fut obligé de faire appel à certains de ses amis les plus intimes, à moi en particulier. C'est alors que je découvris l'ampleur de sa réussite.

Craignant que son succès ne dure pas, je me hasardai à lui conseiller davantage de prudence, et je l'avertis qu'un jour ou l'autre il risquait de tomber de haut. Il me répondit avec une confiance totale : « Ne vous faites pas de souci pour moi. Je fonctionne selon une loi infaillible et précise. Si vous voulez calculer la surface carrée de cette pièce, prenez les deux dimensions et, en appliquant les lois mathématiques, vous obtiendrez un résultat bien précis. Vous serez certain dès le début de la réussite du processus. Il en va ainsi de mon travail : je connais le résultat avant même de commencer. »

Ce fut la dernière fois que je lui posai des questions sur ses affaires et il n'en parla plus jamais.

Rien ne semblait pouvoir l'arrêter. Il enchaînait une réussite après l'autre. Son énergie et sa vitalité ne se relâchaient jamais, et le dynamisme avec lequel il maîtrisait toutes les situations et surmontait la moindre opposition à sa progression semblait quasiment inhumain. Lors des quelques rencontres sociales auxquelles il assista, sa personnalité magnétique et le mystère auquel son nom finit par être associé captaient l'attention de tous.

Mais il semblait vouloir éviter ce genre d'attention sur sa personne et, pendant un certain temps, je le vis très peu. N'entendant plus parler du maître, je venais tout juste de me résigner à mon sort, quand la secrétaire de mon vieil ami m'appela pour me dire qu'elle avait sur son bureau une lettre qui pourrait m'intéresser. Ce n'était qu'une brève note adressée à mon ami, écrite sur le papier à lettres d'un hôtel célèbre, dans une ville lointaine : « Retenu par des affaires importantes. Je regrette d'être obligé d'annuler ma visite pour l'instant. Votre ami. »

Voilà enfin ma chance ! L'hôtel était mon seul indice, mais il était suffisant. Avec trois amis également intéressés, nous partîmes vers l'est, en quête du maître et de son secret.

Le voyage fut long, mais nous fîmes le trajet d'une traite en nous relayant au volant. À l'hôtel, je me rendis directement chez le directeur et le mis au courant de notre mission. Il me répondit que beaucoup trop de visiteurs assiégeaient le maître, et voilà pourquoi ce dernier était parti sans laisser d'adresse. Il n'avait pas d'autres informations à nous communiquer.

Une fois encore, je perdis courage. Parviendrais-je un jour à apprendre son secret ? Cela me paraissait peu probable. Pourtant, nous décidâmes de continuer nos recherches. Après nous être séparés pour être plus efficaces, nous continuâmes à chercher pendant cinq jours et cinq nuits.

La cinquième nuit, mes amis passèrent une heure à essayer de me persuader de rentrer chez nous. Mais j'étais décidé à ne pas renoncer. S'il le fallait, je chercherais toute ma vie. Ils se retirèrent dans leurs chambres, et je restai seul dans un coin désert du hall d'hôtel jusqu'à l'aube.

Mes sentiments passèrent d'un seul coup, de l'abattement à la joie absolue. D'une façon ou d'une autre, je sus que ma quête touchait à sa fin. J'eus soudain le sentiment d'une présence derrière moi, puis une main toucha à mon épaule. En me retournant, je découvris le visage le plus magnifique de toute ma vie. Ses yeux brillaient comme des pierres précieuses.

« Me cherchez-vous ? demanda-t-il.

— Oui », répondis-je, car je savais pertinemment que j'avais finalement trouvé l'homme que je cherchais.

Nous eûmes une brève discussion. Il était tellement occupé qu'il n'avait pas le temps de me transmettre son enseignement. Il m'avisa qu'il ne recevrait aucun visiteur durant son court séjour. Il me promit cependant de me contacter dès qu'il serait disponible.

Je lui répondis que j'avais désespérément besoin de lui, que nous avions fait des milliers de kilomètres pour puiser à sa sagesse, et que j'étais prêt à n'importe quel sacrifice en échange d'une parcelle de son savoir. L'intensité de mes mots éveilla sans doute en lui de la compassion, car il accepta de nous recevoir le lendemain matin dans son appartement pour nous donner ses premières directives.

Rien ne semblait pouvoir l'arrêter. Son énergie et sa vitalité ne se relâchaient jamais, et le dynamisme avec lequel il maîtrisait toutes les situations et surmontait la moindre opposition à sa progression semblait quasiment inhumain.

6

Si vous appliquez ces principes avec sagesse et intelligence, il ne fait aucun doute que vos efforts porteront leurs fruits, et que vos possibilités ne connaîtront aucune limite.

À première vue, l'impression que me fit son appartement restera pour toujours gravée dans ma mémoire. Je n'avais jamais vu un tel luxe et je n'en ai guère revu depuis. Son adjoint nous fit traverser une pièce, décorée de magnifiques tapis de soie, délicatement parfumée par une profusion de fleurs disposées avec goût, et nous guida dans une autre pièce, qui semblait être son bureau, où des fauteuils nous attendaient.

Le maître entra aussitôt et nous nous présentâmes en déclinant nos noms et professions, puis il fit quelques remarques générales. Je m'étais attendu, à cause du cadre luxueux de son logis, à le voir habillé d'une façon extravagante, mais je fus frappé par la simplicité de ses vêtements et de son maintien. Il était conscient de son pouvoir et j'eus impression qu'il n'avait nul besoin d'en faire étalage – encore moins de son esprit et de ses connaissances –, et qu'il aurait préféré ne pas être l'objet d'une quelconque attention. Il justifia la beauté de son appartement en disant simplement qu'étant amateur de belles choses, il aimait s'en entourer.

Il commença notre enseignement en disant : « Vous êtes peut-être venus ici en pensant rencontrer un être mystérieux doté de pouvoirs mystiques, une sorte de magicien pouvant créer une fortune à partir de rien, et vous la transmettre. Si tel est le cas, vous vous êtes trompés d'adresse. Je ne suis qu'un homme ordinaire, nullement différent de vous. Le monde m'appelle maître, et c'est ce que je suis, mais si cela signifie seulement que j'ai appris à maîtriser toutes les circonstances et les situations de ma vie. J'ai développé en moi ces pouvoirs qui sont en chacun de vous.

« Je sais très bien que vous êtes venus ici à cause de votre foi en moi, et que vous me tenez en haute estime parce que, selon vous, je suis un individu qui réussit. Mais afin de tirer le maximum de bénéfices de cet enseignement, je vous demande d'effacer, dans la mesure du possible, toutes les impressions que vous pouvez avoir de moi en tant que personnalité.

« Je ne suis digne d'aucun honneur particulier, d'aucune considération exclusive. Je ne suis qu'un être humain semblable à vous. Je ne suis supérieur en rien. Je n'ai fait aucune découverte. J'ai reçu ces enseignements de la même manière que je m'apprête à vous les donner, et je serai éternellement reconnaissant pour tout ce que j'ai appris.

«Vous n'aurez aucune difficulté à mettre ces principes en pratique dans votre vie quotidienne. Ils sont à votre disposition comme ils sont à la mienne, car cette grande Loi s'applique à tous sans exception. Dans les affaires de ce monde, cette Loi est la plus élevée et la plus efficace qui soit, et elle vaut vraiment la peine d'être apprise, car sa mise en pratique a pour résultat une vie qui vaut vraiment la peine d'être vécue.

«Si vous appliquez ces principes avec sagesse et intelligence, il ne fait aucun doute que vos efforts porteront leurs fruits, et que vos possibilités ne connaîtront aucune limite. Plus vous les mettrez en pratique, plus votre confiance augmentera, et vous constaterez que vos pouvoirs augmenteront aussi. Vous accomplirez de grandes choses plus facilement et plus rapidement. Vos réalisations croîtront parallèlement à votre confiance.

« Chez certaines personnes, comme votre vieil ami responsable de votre présence ici aujourd'hui, une amélioration remarquable se produit en peu de temps.

« Chez d'autres, l'évolution est plus progressive. Cette différence ne dépend pas de l'individu lui-même, mais de l'intensité des efforts déployés, car nous sommes tous dotés des mêmes capacités. Cependant, aucun être ne peut recevoir un tel enseignement sans devenir une meilleure personne pour elle-même.

« Aucune grande chose ne s'accomplit dans le culte de la personnalité ; cela est impossible, car la personnalité est limitative. Vous ne saisissez sans doute pas encore ce que je veux dire par là, mais vous le comprendrez bientôt. Pour l'instant, retenez bien ceci : l'important est que vous acceptiez ces leçons pour ce qu'elles signifient pour vous en tant qu'individu. Ne laissez pas ma présence, ou l'impression que vous avez de moi, vous influencer de quelque manière que ce soit dans les études que vous ferez avec moi. Apprenez uniquement de mes paroles, et non de l'être que je suis.

«À présent, commençons.»

> *Vous n'aurez aucune difficulté à mettre ces principes en pratique dans votre vie quotidienne. Ils sont à votre disposition comme ils sont à la mienne, car cette grande Loi Universelle s'applique à tous sans exception.*

Seconde partie

LE MESSAGE

7

Sages sont les gens qui abordent n'importe quel sujet avec un esprit ouvert, et le désir d'apprendre tout ce qui est susceptible de contribuer à leur avancement, leur confort et leur bonheur.

« *P*endant que je vous transmettrai les principes de cette Loi, je vous demande de ne pas tenir compte des contradictions apparentes, car elles sont forcément obligées de survenir quand on discute d'un sujet de ce genre.

« Gardez ce conseil présent à votre esprit : Considérez ces enseignements pour ce qu'ils signifient pour vous personnellement. Si certaines des choses que je dis n'ont pas de sens à vos yeux ou ne vous parlent pas pour l'instant, ne vous forcez pas à les comprendre ou à les accepter. Ce que vous ne comprenez pas ou même que vous rejetez maintenant, vous paraîtra sans l'ombre d'un doute évident, et deviendra précieux à vos yeux, plus tard, à mesure que votre capacité d'assimiler augmentera.

« Il suffit parfois de changer quelques mots pour clarifier une idée et la rendre plus attrayante pour différentes personnes. Si vous adaptez mes termes à votre propre langage, et que cela vous donne l'impression que ce que je dis est plus clair, ou bien s'intègre mieux ainsi à vos croyances ou à votre état d'esprit, faites-le librement.

« Ceux qui croient tout savoir n'apprendront rien. Ceux qui abordent un sujet dans le doute et en opposant de la résistance apprendront peu de choses. Il n'y a pas beaucoup d'espoir pour eux. Mais sages sont les gens qui abordent n'importe quel sujet avec un esprit ouvert, et le désir d'apprendre tout ce qui est susceptible de contribuer à leur avancement, leur confort et leur bonheur.

« Bien que je ne vous demande pas de croire tout ce que je vous dis, car ce serait interférer avec votre liberté de penser, je vous prierais d'essayer de ne pas douter ou d'opposer de résistance à ce que je vous dirai, car cela pourrait vous empêcher de trouver l'aide que vous recherchez. Pour votre plus grand bien, votre attitude devrait être la suivante : "Je vais écouter cet enseignement avec une attitude ouverte et dépourvue de passion, déterminé à en tirer tous les bénéfices qu'il peut m'offrir. Même si, pour l'instant, je ne comprends pas ou ne crois pas l'une des affirmations ou des propositions, cela ne la rend pas nécessairement moins vraie qu'elle ne l'est."

«Si vous voulez utiliser cette Loi, vous devez avoir une vision claire de son fonctionnement. Afin d'en faciliter sa compréhension, j'illustrerai mon propos, dans la mesure du possible, par des exemples que vous trouverez tout autour de vous et qui vous aideront à comprendre ces vérités.

«Votre mental peut être comparé à une maison dans laquelle, depuis des années, on aurait jeté et empilé, çà et là, des milliers d'objets rigides, des meubles, des tableaux, et des bibelots inutiles de toutes sortes. Le résultat est le suivant: même si l'extérieur de la maison a belle allure, l'intérieur est un véritable fouillis, exprimant la confusion et le désordre. Il est impossible de faire quoi que ce soit dans ces conditions, car on ne peut chercher le moindre objet sans buter sur un autre. Il n'y a aucun ordre. Aucun but. Aucune évolution. Alors, la première chose à faire absolument consiste à débarrasser cette maison de

tout, à part de l'ameublement essentiel
à votre réussite. »

> *Ceux qui croient tout savoir n'appren-*
> *dront rien. Ceux qui abordent un sujet*
> *dans le doute et en opposant de la*
> *résistance apprendront peu de choses. Il*
> *n'y a pas beaucoup d'espoir pour eux.*

8

Toute image imprégnée profondément dans n'importe quel esprit, sous n'importe quelle forme, est tenue de se manifester un jour. C'est la grande Loi Universelle immuable qui fait de nous les maîtres absolus de toutes les conditions et situations de nos vies lorsque nous coopérons intelligemment avec elle.

« *R*éfléchissez à ceci : comment êtes-vous devenu ce que vous êtes ? Chacun de nous s'est développé à partir d'une cellule bien plus petite qu'une tête d'épingle. Réfléchissez ! Une cellule ou graine plus petite qu'une tête d'épingle contenait en elle-même, en essence et en totalité, l'être complexe et merveilleux que vous êtes aujourd'hui.

« Évidemment, cette cellule ne pouvait pas contenir les formes physiques, même réduites à une dimension infinitésimale et microscopique, de votre corps, de votre tête, de vos cheveux, de vos bras, de vos jambes, de vos mains, de vos pieds et de tous les merveilleux organes de votre corps. Dans ce cas, comment en êtes-vous arrivé à la taille que vous avez maintenant?

« Cette cellule renfermait une étincelle d'Esprit; fidèle à la loi de son propre être, cette cellule avait le pouvoir de conserver en elle une image fixe, un tableau de vous, et vous vous êtes développé, vous avez grandi, et pour finir vous vous êtes "manifesté", vous vous êtes "exprimé", conformément à cette loi.

« Si cette formulation ne vous satisfait guère, votre capacité de raisonnement admettra certainement qu'il y a à l'œuvre, dans cette cellule, un pouvoir qui se développe selon un plan bien défini. Une intelligence se doit donc d'être présente, sous une forme ou une autre. La présence de cette intelligence est ce à quoi je fais allusion quand je dis que la cellule contient une étincelle d'Esprit.

«À ce moment-ci, il est nécessaire de clarifier un point, car il constitue notre base de départ. Ce point est le suivant: l'esprit, quelle que soit la forme dans laquelle il est apparemment contenu, renferme des images, des représentations. *Et toute image imprégnée profondément dans n'importe quel esprit, sous n'importe quelle forme, est tenue de se manifester un jour.* C'est la grande Loi Universelle immuable qui fait de nous les maîtres absolus de toutes les conditions et situations de nos vies lorsque nous coopérons intelligemment avec elle.

«Par exemple, rappelez-vous toutes ces fois où vous aviez secrètement envie d'une chose précise qui est devenue vôtre peu de temps après? Ou cette fois-là où vous aviez l'impression que vous alliez rencontrer une certaine personne, que vous l'avez rencontrée peu après? Vous vous êtes sans doute dit : *Quelle coïncidence! Je pensais justement à toi ce matin!* Mais ce n'était pas du tout une coïncidence. Et ce n'est pas du tout étrange. C'est le résultat normal du fonctionnement d'une loi bien précise.

« Si cela est vrai, pourquoi toutes nos pensées ou tous nos souhaits ne se manifestent-ils pas dans la réalité? Plusieurs se révèlent, mais à cause de notre manque de conscience, et de notre ignorance de la Loi Universelle, ils passent inaperçus. De plus, je le répète, plusieurs ne se manifestent aucunement. Pour en illustrer la raison, je vais me servir de vos connaissances dans le domaine de la radio.

« Avez-vous déjà cherché à capter une station précise alors que plusieurs stations entraient en conflit pour cette fréquence-là ? Qu'obteniez-vous ? Un méli-mélo confus. Mais si vous optiez pour cette fréquence quand les autres stations cessaient temporairement d'émettre, vous la receviez avec netteté, et votre désir était récompensé.

« De la même manière, si nos pensées ou nos désirs se manifestent juste au moment où il n'y a pas de pensées conflictuelles présentes risquant d'annuler leur pouvoir, l'esprit, au lieu d'être divisé entre plusieurs idées, applique sa grande force au service de ce désir-là, qui alors s'incarne ou s'exprime dans la réalité.

« On a tous fait l'expérience de certains moments où notre esprit éprouve momentanément un véritable trou de mémoire, et où on se retrouve à fixer le vide devant soi. Si à cet instant-là, il était possible d'injecter dans notre esprit n'importe quel souhait ou désir, avec une force suffisante, rien sur terre ne pourrait empêcher sa réalisation quasi immédiate.

« Maintenant, quelle est donc la cause de la confusion qui prédomine dans votre esprit, et qui affaiblit votre pensée ? C'est de croire faussement qu'il existe à l'extérieur de vous un ou des pouvoirs supérieurs à celui qui est en vous.

« Si les conditions à l'intérieur de vous devenaient telles que chaque pensée constructive s'extérioriserait automatiquement grâce à une méthode d'actions pratiques, vous seriez le maître de toutes les conditions et circonstances qui affectent votre vie.

« Il n'y a qu'une seule façon de prouver si cela est exact ou non, c'est d'essayer ! »

Maintenant, quelle est donc la cause de la confusion qui prédomine dans votre esprit, et qui affaiblit votre pensée ? C'est de croire faussement qu'il existe à l'extérieur de vous un ou des pouvoirs supérieurs à celui qui est en vous.

9

Car les mots sont bien faibles quand on tente d'expliquer des concepts aussi profonds que la Loi Universelle. Vous devez avancer progressivement et patiemment vers ces notions, au cœur de ces idées, pour les comprendre véritablement.

« *L*a prochaine étape de votre enseignement est celle-ci : *la conscience ou l'image gravée dans votre esprit, de quoi que ce soit, de toute condition ou circonstance, est en fait la chose elle-même.* Ce dont vous faites l'expérience par vos cinq sens c'est l'image mentale, manifestée, ou rendue visible et tangible, à la façon dont un artiste projette ses images mentales sur un tableau. La main de l'artiste n'est que l'instrument à travers lequel l'esprit s'exprime. Cette main est sous la direction et la supervision de son esprit.

« Les scientifiques nous affirment que toutes les cellules de notre corps meurent, disparaissent et sont remplacées tellement vite qu'il ne subsiste plus aucune de celles que nous avions, il y a à peine un an. Mais vous avez des souvenirs qui remontent à plusieurs années en arrière, n'est-ce pas ? Vous vous rappelez de nombreux souvenirs d'enfance. Comment pouvez-vous vous en souvenir encore après toutes ces années, après que les cellules de votre cerveau se sont toutes renouvelées ? Parce que vous êtes avant tout un Esprit, et non pas un corps.

« À titre d'entité individuelle, fonctionnant dans une sphère individuelle, ce qui est vrai pour chacun de nous, vous êtes un Esprit tout-puissant et votre corps est le véhicule vous permettant de fonctionner. Vous êtes le maître et votre corps est le serviteur. C'est l'instrument qui sert à vous exprimer. Un point c'est tout.

« À présent, quel est le véritable corps ? Celui qui demeure représenté ou dessiné pour toujours dans votre esprit aussi longtemps que vous vivez ici-bas, ou bien celui qui se décompose totalement et nourrit la terre année après année ? Et quelles sont donc les choses réelles ? Celles représentées ou dessinées dans votre esprit, ou celles que vous voyez dans le monde extérieur et qui se désintègrent après une brève existence ?

« Je ne voudrais pas vous induire en erreur en vous donnant l'impression que le monde extérieur n'est que secondaire et a peu d'importance dans l'accomplissement de l'être humain. Dès le début, la connaissance fondamentale du fonctionnement de l'esprit est d'une portée majeure pour vous.

« Je souhaiterais pouvoir vous expliquer clairement le processus par lequel une image dans votre esprit se manifeste en réalité objective, afin que vous puissiez comprendre facilement, mais cela requerrait plusieurs heures, ne serait-ce que pour faire une tentative dans ce sens, et je risquerais probablement de vous embrouiller seulement les idées. Car les mots sont bien faibles quand on tente d'expliquer des concepts aussi profonds que la Loi Universelle. Vous devez avancer progressivement et patiemment vers ces notions, au cœur de ces idées, pour les comprendre véritablement.

« Heureusement, il n'est pas nécessaire de connaître tout cela pour utiliser la Loi, pas plus qu'il n'est nécessaire de connaître la loi grâce à laquelle les rayons du soleil parviennent jusqu'à la terre, pour les apprécier et en profiter. Je sais que vous avez confiance dans la sincérité de mon intention. Je l'apprécie, investissez donc la même confiance dans le pouvoir de cette Loi, et il vous sera possible d'accomplir tout ce que vous entreprendrez.

« Maintenant, passons à la prochaine étape. »

Vous êtes le maître et votre corps est le serviteur. C'est l'instrument qui sert à vous exprimer. Un point c'est tout.

10

L'électricité est une grande puissance dans l'univers, de même que l'Esprit Intérieur est la plus grande puissance à votre disposition. Aucune de ces deux forces ne fonctionne indépendamment l'une de l'autre ; toutes deux dépendent d'une opération distincte pour les inciter à l'action, et toutes deux occasionnent des résultats utiles ou nuisibles selon la sagesse ou l'ignorance avec laquelle elles sont dirigées.

« *V*ous avez peut-être entendu dire qu'il y a plusieurs esprits, mais une telle affirmation ne représente qu'un mode de pensée spécifique, une expression commune. Aucune preuve dans le domaine des sciences ou dans la réalité ne vient soutenir ce genre d'allégation. Il n'y a qu'un seul esprit, comme il n'y a qu'une seule électricité ou une seule atmosphère. Les nombreux esprits auxquels il est fait allusion ne sont que l'expression multiple d'un esprit unique. Nous utilisons l'esprit comme nous utilisons l'air ou l'électricité, selon ce que nos besoins individuels requièrent.

« Maintenant, je vous demanderai de m'accorder toute votre attention pendant quelques instants, le temps de me contredire moi-même afin d'expliquer le prochain sujet. À cette étape-ci, je dois vous parler de trois esprits, ou à proprement parler, de trois phases de l'esprit.

« Nous sommes apparemment constitués de trois esprits. Celui qui contrôle le fonctionnement du corps, à défaut de terme plus approprié, je l'appellerai l'Esprit Profond. Nous ne devrions pas nous en préoccuper particulièrement, car il connaît son rôle mieux que nous. Nous pouvons coopérer avec cet esprit, et en bénéficier en ce qui a trait à notre santé et à notre énergie, si nous ne concentrons pas nos pensées sur le corps. Quand nous n'interférons pas avec le bon fonctionnement de l'Esprit Profond, nous nous apercevons qu'il s'en sort très bien tout seul.

« Ce sont les deux autres esprits qui retiennent principalement l'attention : je les nomme l'Esprit Intérieur et l'Esprit Extérieur.

« La fonction attribuée à l'Esprit Extérieur, qui est en contact avec les choses extérieures par le moyen des cinq sens, consiste à transmettre ses désirs à l'Esprit Intérieur. Ce dernier est le siège du pouvoir en nous et, conformément à sa nature, l'Esprit Intérieur n'a pas conscience d'une dualité, car il n'est pas doté de la faculté de discrimination. Il ne connaît ni impossibilité, ni échec, ni obstacle, ni limite ou manque de quoi que ce soit. L'Esprit Intérieur dépend des sollicitations de l'Esprit Extérieur et il met à contribution sa grande énergie illimitée dans tout ce vers quoi l'Esprit Extérieur le conduit.

« Je peux expliquer la nature de l'Esprit Intérieur en le comparant de nouveau à l'électricité. Cette dernière est une grande puissance dans l'univers, tandis que l'Esprit Intérieur est la plus grande puissance à votre disposition. Aucune de ces deux forces ne fonctionne indépendamment l'une de l'autre; toutes deux dépendent d'une opération distincte pour les inciter à l'action, et toutes deux occasionnent des résultats utiles ou nuisibles selon la sagesse ou l'ignorance avec laquelle elles sont dirigées.

« Ainsi, vous voyez combien il est important pour l'Esprit Extérieur de s'unir à l'Esprit Intérieur et de coopérer avec lui! Si c'était le cas dans les activités humaines, les gens seraient tous maîtres des circonstances de leurs vies, au lieu d'en être les esclaves.

« Pourquoi ne sommes-nous pas tous maîtres des circonstances de nos vies? Pour la raison suivante : l'Esprit Extérieur émet un désir; ce désir est automatiquement retenu par l'Esprit Intérieur, qui se met aussitôt au travail pour le réaliser. Mais l'Esprit Intérieur a à peine le temps de diriger sa grande énergie dans cette direction, que l'Esprit Extérieur découvre déjà un nouveau désir, ou évoque des obstacles illusoires pour le précédent désir.

« Étant donné que l'Esprit Intérieur n'est pas à la surface, et qu'il n'entre pas en contact avec les choses extérieures, il est donc dépendant des directives données par l'Esprit Extérieur, et il est obligé de déléguer son pouvoir. Il en va de même, ainsi de suite, comme des fuites dans un tuyau à vapeur, l'Esprit Intérieur gaspille alors son merveilleux pouvoir et n'arrive à rien.

« Pourquoi l'Esprit Intérieur est-il contrarié de cette façon chaque fois qu'il se dirige vers une réalisation ? Parce que l'Esprit Extérieur juge toute chose selon ce que son œil et son oreille lui rapportent, et il transmet ces messages à l'Esprit Intérieur.

« Que font donc les gens ? Nous les découvrons en train de prendre des photos de leurs expériences quotidiennes dans le monde extérieur, puis ils les impriment sur eux-mêmes à l'intérieur de leur être. Ils devraient en fait procéder dans le *sens inverse*.

« Nous avons la capacité et le pouvoir de créer à l'intérieur de nous les images de ce que nous désirons, et de les trouver automatiquement imprimées dans le monde extérieur de notre environnement. De plus, c'est un processus simple, comme vous le verrez plus tard. Quand nous sommes capables de faire cela, nous détenons la maîtrise, mais pas avant.

« Par conséquent, vous pensez sans doute que ce que nous devons faire consiste à discipliner l'Esprit Extérieur, puisque c'est lui qui semble fautif. Et c'est exact. Mais comme il est chaque jour confronté à des milliers d'expériences, nous risquons fort, avec les techniques habituelles de formation, de mettre des années avant d'obtenir des résultats. Ou bien, au mieux, une telle formation serait un processus long et laborieux. Il existe un moyen plus rapide et plus efficace, une méthode qui utilise intelligemment l'Esprit Extérieur. Voici la première étape de cette méthode. »

Nous avons la capacité et le pouvoir de créer à l'intérieur de nous les images de ce que nous désirons, et de les retrouver automatiquement imprimées dans le monde extérieur de notre environnement.

11

Si nous voulons réussir quelque chose de grand, nous devons nous fixer un objectif bien défini.

« *J*maginez que vous êtes obligé de vous rendre le plus vite possible dans une certaine ville. Une fois dans votre voiture, vous visualisez votre destination dans votre esprit, et vous vous dirigez ensuite dans cette direction. Si vous ne connaissez pas bien l'itinéraire, vous risquez de vous tromper et d'emprunter une mauvaise route. Finalement, vous trouvez la voie qui vous amène à destination. Vous êtes guidé par ces images mentales de l'endroit où vous vous dirigez, et vous arrivez à bon port.

« Vous vous en êtes tenu à un *objectif bien défini* jusqu'à ce que vous l'ayez atteint. Vous avez gardé votre but ou votre destination à l'esprit sans effort ni tension particulière, et vous êtes retourné sur la bonne route dès que vous vous êtes aperçu que vous vous étiez écarté de votre voie. Il en va de même pour nous : si nous voulons réussir quelque chose de grand, nous devons nous fixer un *objectif bien défini*.

« Qu'est-ce que j'entends exactement par établir un objectif bien défini ? Est-ce aussi simple que cela ? Non, ça ne l'est pas, du moins au début. Prendriez-vous comme objectif de gagner un million de dollars immédiatement, du jour au lendemain ? Oui, peut-être, si vous vous croyez capable de gagner un million de dollars dans l'éventualité immédiate d'un tel événement. Mais c'est plutôt rare. Il est plus sage d'approcher votre but comme le font les coureurs de marathon : ils parcourent d'abord un kilomètre, deux, puis trois ; ils augmentent donc progressivement leurs capacités jusqu'à pouvoir courir le marathon en entier.

« Pourquoi un objectif bien défini est-il nécessaire ? Pour trois raisons. Premièrement, l'Esprit Intérieur est le pôle positif de votre être tandis que l'Esprit Extérieur en est le pôle négatif. Dans l'univers, pour créer un circuit ou un cycle, il faut qu'il y ait un positif et un négatif en toute chose, sinon il n'y aurait ni activité ni mouvement. Il n'y aurait pas de mouvement vers l'avant s'il n'y avait pas de mouvement vers l'arrière.

« Il n'y aurait pas de haut s'il n'y avait pas de bas. Il n'y aurait pas une telle chose appelée le bien s'il n'y avait pas ce qu'on appelle le mal. Comment pourrait-il y avoir de la lumière sans l'obscurité ? Pour que nous prenions conscience d'une chose, il faut que son opposé existe afin que nous puissions les comparer, sinon ces choses n'existeraient pas à nos yeux.

« Maintenant, dans tout ce qui obéit à la Loi, le positif domine et gouverne, tandis que le négatif sert et assiste. Mais l'humanité inverse tout : l'Esprit Extérieur regarde le monde et fait le compte rendu de contestations, compétitions, obstacles, impossibilités et autres problèmes du même genre. Pourquoi ? Parce que s'il n'est pas dirigé, il erre sans but, et il en vient à accepter n'importe quoi.

« L'objectif bien défini, une fois clairement imaginé ou représenté, ramène immédiatement l'Esprit Extérieur sur la bonne voie en lui donnant une *tâche précise* à accomplir. Cela lui insuffle automatiquement, sans aucun effort de votre part, la qualité positive de l'Esprit Intérieur. Je le répète, les conditions et les individus positifs sont alors attirés automatiquement vers vous, aussi sûrement que les particules d'acier sont attirées par un aimant. Voilà la première raison pourquoi un objectif bien défini est nécessaire.

« Deuxièmement, l'atmosphère est remplie de millions et de millions de pensées sans cesse en mouvement. Les centaines de stations de radio de ce pays, qui émettent toutes simultanément, ne nous donnent qu'une vague idée de toutes les pensées émises sur les ondes. Tout être humain est à la fois une station émettrice et un poste récepteur.

« Cela explique pourquoi je suis capable de répondre instantanément à vos questions, avant même que vous ne les formuliez en mots. À vrai dire, j'ai capté vos pensées avant que vous les ayez exprimées. C'est une faculté qui se développe après des années de formation. Elle a toujours été en moi, tout comme elle est également en vous. J'ai réveillé et utilisé la mienne ; la vôtre est presque entièrement endormie.

« Les gens qui n'ont pas d'objectifs bien définis se branchent sur n'importe quoi et n'obtiennent rien. Ils sont vraiment à plaindre, car ils sont à la merci de millions de pensées conflictuelles, et leur vie est envahie par la confusion et l'angoisse.

« D'autre part, les gens qui ont des objectifs bien définis se branchent délibérément sur une seule chose. Si c'est de l'argent, ils en obtiennent. Si c'est un poste, ils le décrochent. Rien n'est refusé à ces gens-là quand ils se branchent sur un objectif bien défini.

« Troisièmement, quand vous fixez votre esprit sur une chose précise, qu'elle soit petite ou grande, tangible ou intangible : stylo, chapeau, voiture, maison, fortune, éducation, profession, voyage, vous transférez une partie de votre élan vital sur cette chose, autrement elle ne pourrait pas être attirée vers vous. Et vous continuez de l'alimenter tant et aussi longtemps que vous la gardez à l'esprit, et l'intensité de votre désir gouverne la puissance avec laquelle cette force est dirigée.

« Vous pouvez donc vous rendre compte que si vous dirigez cette force sur plusieurs objectifs, elle se divise, et chaque objectif ne reçoit qu'un stimulus très faible, qui se solde par une réaction lente ou n'entraîne aucune réaction. Souhaitez-vous parvenir à un grand objectif ou à un but ultime qui requiert, en cours de route, d'atteindre des objectifs intermédiaires moindres ? Par conséquent, laissez de côté les objectifs multiples, et concentrez votre énergie sur le premier ou le plus urgent. Une fois que vous l'aurez atteint, attaquez-vous au suivant, et ainsi de suite.

« Maintenant, vous ai-je transmis la Loi dans son entier ? Dans un sens, oui. Et pourtant, non. Vous instruire sur ce que vous devez faire est bien en soi, mais vous montrer comment le faire est préférable. Il ne suffit pas d'apprendre à obtenir une chose, il faut aussi apprendre à la garder. Je vais donc aller plus loin en vous indiquant une exigence importante pour parvenir avec succès à une réalisation durable : *le caractère secret.* »

Il n'y aurait pas de haut s'il n'y avait pas de bas. Il n'y aurait pas une telle chose appelée le bien s'il n'y avait pas ce qu'on appelle le mal.

12

Quand vous travaillez sur le plan de l'Esprit Intérieur, vous invoquez et recevez l'aide des ressources impersonnelles, illimitées de l'univers.

« $\mathcal{A}$ vant de vous expliquer la valeur du caractère secret, je dois débuter par un autre sujet.

« Quand vous dites : "Je suis, je veux, j'ai fait", vous faites une déclaration profonde et puissante. Peu de gens se rendent compte de la puissance libérée par le pronom "je". Écoutez cette grande affirmation de Dieu : "Je suis ce que Je suis". Elle a résonné à travers les âges et quand elle est bien comprise, elle unit chacun de nous à ce pouvoir universel.

« Le corps que vous avez est personnel, mais le "je" que vous exprimez est universel, car dans tout l'univers il n'y a qu'un seul "je", tout comme il n'y a qu'un seul nombre *un*. Les autres nombres ne sont que des multiples ou des dérivés de ce nombre *un*. Le *sept*, par exemple, est le *un* répété sept fois.

« À partir de ce que j'ai dit, vous devriez être apte à comprendre ceci : quand vous travaillez sur le plan de l'Esprit Extérieur, vous travaillez d'un point de vue personnel, limité. Quand vous travaillez sur le plan de l'Esprit Intérieur, vous invoquez et recevez l'aide des ressources impersonnelles, illimitées, de l'univers. Eh bien, vous me demandez comment parvenir à cet état ? Je vous réponds : c'est facile, il vous suffit d'appliquer simplement la méthode d'actions pratiques dont je trace les grandes lignes, et vous évoluerez naturellement à l'intérieur sans le savoir.

« Puisque le grand et puissant "je", dans son expression individuelle, vous représente vous-même, voyez-vous la puissance dont vous disposez? Vous discernez l'être merveilleux que vous êtes. Vous percevez que vous êtes maintenant un maître, peut-être pas encore totalement épanoui, mais les qualités sont là, attendant de se révéler et d'être utilisées.

« Si vous ne comprenez pas nettement ce que je viens de dire, ne nous y attardons pas davantage, et passons à l'idée suivante. Vous pourrez y réfléchir par vous-même plus tard et en découvrir la vérité.

« Vous remettez peut-être en question la valeur d'une explication aussi détaillée, mais j'ai un objectif, qui est de vous obliger à réfléchir, à méditer profondément, avec intensité. Ne confondez pas "intensité" avec "tension". La tension implique un effort mental; elle naît de la peur et de l'angoisse. Elle est destructrice aussi bien pour l'esprit que pour le corps. Par le mot intensité, je fais allusion ici à une énergie, à une puissance mentale, dont les résultats sont constructifs.

« Vos progrès dépendent de votre degré d'intensité soutenue dans une direction donnée. Vous savez que le progrès accélère de plus en plus de nos jours. Nous sommes obligés d'avancer aussi vite que le monde ou d'abandonner, et quand nous renonçons, nous commençons aussitôt à régresser. Pour profiter d'une réussite durable, nous devons aller un peu plus vite que le reste du monde.

« L'humanité a toujours ressenti fortement la nécessité d'arriver plus rapidement à un but; ce besoin a fini par se cristalliser et se manifester sous la forme d'une automobile, qui fut la première étape importante dans le transport rapide, à la portée de tous. Mais puisque c'est la nature de l'Esprit d'aller sans cesse vers de plus grandes réalisations, l'avion fut inventé. Par conséquent, l'Esprit avance et continuera toujours d'avancer.

« Ouvrez les yeux, regardez autour de vous et vous verrez à coup sûr la tendance. L'Esprit progresse sans cesse et il ne s'est pas arrêté à l'invention de l'avion comme mode de transport rapide. La personne qui connaît la Loi et l'utilise est souveraine ; les ignorants, ceux qui refusent de la voir, restent enchaînés à leurs fausses croyances. Par conséquent, il est tellement important d'apprendre à bien réfléchir à chaque chose, plutôt que d'appliquer cette méthode usée par le temps qui consiste à les imposer. L'une est maîtrise, l'autre esclavage.

« La valeur du caractère secret repose sur le fait que le "je", étant universel, projette sa puissance sur tous les mots auxquels il est associé. Et lorsque vous exprimez vos projets verbalement, ils sont alors rendus publics et leur force s'amenuise. L'Esprit Extérieur a, par le fait même, découvert un moyen de s'échapper, et votre objectif a perdu sa force d'impulsion nécessaire. »

Vous savez que le progrès accélère de plus en plus de nos jours. Nous sommes obligés d'avancer aussi vite que le monde ou d'abandonner, et quand nous renonçons, nous commençons aussitôt à régresser.

13

C'est votre héritage de plein droit, votre patrimoine, d'avoir tout ce que vous désirez, sans aucune limite.

« *L*a prochaine exigence est ce que j'appelle *votre nourriture,* ou *vos réserves.* Très peu de gens sont réellement capables d'un effort soutenu, et c'est la raison pourquoi les réussites sont relativement rares.

« Vous avez appris que votre grande puissance ne réside pas à la surface, mais dans les profondeurs de votre être, dans votre Esprit Intérieur. Les gens ordinaires vivent à la surface, inconscients de leur grande puissance intérieure. Ils placent le peu de foi qu'ils ont dans l'Esprit Extérieur, et ils sont dirigés par ses fausses indications. Par conséquent, ils vivent en permanence dans un tourbillon de confusion, de contestation et de tension, jusqu'à ce qu'ils succombent, découragés et dégoûtés, brisés et abattus dans leur santé et leur esprit.

« Pourquoi en est-il ainsi ? Pourquoi, selon une croyance très répandue, les gens qui accumulent des richesses doivent-ils le payer cher au chapitre de leur santé et de leur vitalité ? Parce que, comme je vous l'ai déjà dit, quand ils concentrent leurs efforts sur un objectif précis, ils transfèrent automatiquement sur lui une partie de leur élan vital. Tout cela est très bien et nécessaire, mais s'ils continuent ainsi sans renouveler cet élan vital, sans se nourrir intérieurement, ils s'épuisent, et il en résulte toujours des troubles, quels qu'ils soient.

« C'est votre héritage de plein droit, votre patrimoine, d'avoir tout ce que vous désirez, sans aucune limite. Les choses que vous désirez ont été mises ici-bas pour que vous les utilisiez, en estimiez la valeur et que vous en tiriez profit. Sinon, pourquoi seraient-elles là ? Et puisque vous seul pouvez être conscient de vos propres désirs, elles ont été mises ici spécialement pour vous.

« Oui, vous pouvez avoir des richesses et une situation, de la santé et du bonheur, il vous suffit de connaître la loi de votre être et de coopérer avec elle. Je supporte difficilement d'entendre dire que la pauvreté est une bénédiction. Non, la pauvreté est la plus grande malédiction sur terre. Ceux qui prêchent une telle doctrine ne sont pas sincères avec eux-mêmes, car pendant qu'ils prônent les bienfaits de la pauvreté, ils ont le cœur rongé par l'envie de profiter des bonnes choses de la vie.

« Chaque individu ayant appris les principes fondamentaux de la Loi les comprendra différemment, conformément à sa propre nature. J'ai évité délibérément de vous parler de ma méthode, pour que vous vous sentiez libres de faire vos propres interprétations, et de prendre vos propres décisions.

« Cependant, je veux vous donner une idée de ma façon de travailler, mais je vous conseille de ne pas la laisser influencer ou modifier votre méthode particulière. Vous ne pouvez atteindre la maîtrise en copiant quelqu'un d'autre ou en vous conformant à la coutume ou à la tradition. Les moutons et les miséreux procèdent ainsi, les maîtres et les meneurs jamais.

« Un tableau serait monotone et inintéressant si l'artiste, quand il représente un grand chêne, oubliait d'y ajouter son environnement naturel : l'herbe, des buissons, des fleurs, des feuilles, et probablement un ciel et des nuages. Un artiste crée une reproduction fidèle de la nature. Nos méthodes sont similaires : tandis que lui projette son image sur une toile, je projette la mienne à l'intérieur de moi. Il projette le chêne sur une toile et le place dans son environnement naturel. J'agis de la même façon. Pour créer son tableau, il se concentre sur lui à l'exclusion de tout le reste, de tout ce qui risquerait de l'empêcher d'atteindre son but. C'est ce que je fais.

« Parfois, c'est un élément du monde extérieur qui lui suggère le tableau ; d'autres fois, c'est l'inspiration. C'est la même chose pour moi. Au cours d'une journée, des centaines de choses risquent de le distraire et de le détourner de sa tâche, mais celle-ci est plus importante que tout. Au lieu de résister à ces multiples distractions, il leur accorde l'attention qu'elles méritent, puis il revient à son tableau. Il en va de même pour moi. Quand son tableau est terminé, il en commence un autre. Moi aussi. Car je ne suis jamais consciemment, mentalement inactif. L'inactivité, c'est la régression.

« Voici un exemple concret : si je désire, à un moment donné, la présence de mon adjoint, je l'imagine devant moi sur le tableau de mon esprit, entouré de ce que je vois autour de moi à ce moment précis. Peu après, l'image se "manifeste".

« Si je désirais la richesse, j'entourerais cette image de tout ce qui, selon mon sentiment instinctif, devrait accompagner cette richesse, c'est-à-dire toutes les conditions et les possessions que je voudrais naturellement inclure. Si nécessaire, je m'inspirerais du tableau, déjà représenté ou révélé, de la réussite de quelqu'un d'autre. En même temps, je continuerais à vaquer normalement à mes occupations. Peu importe ce que j'ai l'air de faire dans le monde extérieur. Ce qui importe le plus est ce que j'accomplis intérieurement.

« Si j'étais un débutant et que je désirais, par exemple, une nouvelle voiture ou une nouvelle maison, je choisirais dans un magazine une image ressemblant beaucoup à ce que je désire, et je placerais la photo à un endroit où je la verrais souvent. Cela aide l'Esprit Extérieur à se concentrer, et accélère donc l'illustration de mon idée. »

Oui, vous pouvez avoir des richesses et une situation, de la santé et du bonheur, il vous suffit de connaître la loi de votre être et de coopérer avec elle.

14

Ces mots puissants vous aideront automatiquement à découvrir et à satisfaire vos besoins. Ils agissent sur votre Esprit Extérieur et votre Esprit Intérieur comme les substances nutritives contenues dans votre nourriture agissent sur votre organisme.

« **V**ous êtes prêts maintenant à effectuer un exercice simple, mais très efficace. Je vais vous donner une liste de mots puissants qui non seulement nourrissent l'élan vital, mais ils vous fourniront toute la force dont vous avez besoin, afin d'effectuer le travail intérieur nécessaire, pour créer ce que vous désirez dans la vie. Voici

ma liste, vous pouvez y ajouter d'autres
éléments si vous le souhaitez :

Concentration	Charité
Paix	Non-résistance
Équilibre	Justice
Harmonie	Considération
Bonne volonté	Liberté
Honnêteté	Guidance
Sagesse	Activité
Gentillesse	Générosité
Compréhension	Vitalité
Inspiration	Compassion
Humilité	Pouvoir
Intelligence	Sérénité
Décision	Amour
Mémoire	Tolérance
Sympathie	Douceur
Loi	Créativité
Grâce	Vie
Foi	Jeunesse
Confiance	Courtoisie
Abondance	Réussite
Mérite	Bonheur
Esprit	Vigilance

Santé	Ingéniosité
Unité	Persévérance
Force	Objectif
Sincérité	Réalisation
Énergie	Maîtrise
Capacité	

« Après vos activités de la journée, quand vos tâches et vos soucis quotidiens ont ralenti quelque peu votre élan vital, c'est une bonne idée de consacrer une demi-heure ou une heure si possible, à vous retirer en un lieu où vous pouvez être seul, sans être dérangé, chaque soir, dans le silence et le calme de votre être.

« Choisissez dans cette liste des mots qui vous paraissent correspondre à vos besoins du moment, ou bien commencez par le premier et parcourez-les tous à votre rythme. Imprégnez fortement votre être de chaque mot, tout en interprétant celui-ci à votre manière, et en notant ses effets sur vous. Ne tenez pas forcément compte de son sens habituel, mais plutôt de la façon dont il vous interpelle.

« J'ai insisté à plusieurs reprises sur le fait que vous êtes le "je", le pouvoir dans votre monde, et que vous êtes là pour vous tenir fermement sur vos deux pieds, et vivre cette vérité, pas nécessairement pour l'afficher, mais pour la vivre et l'assumer. Cependant, je ne vous conseille pas de faire précéder les mots de cette liste de l'affirmation "je suis", sauf si vous êtes à ce moment-là dans un état d'esprit positif, et que vous êtes pleinement convaincu du mot que vous répétez.

« Par exemple, si vous affirmez : "Je suis le Pouvoir", vous exposez l'Esprit Intérieur à une attaque de l'Esprit Extérieur, une offensive qui viendra sous forme de négation ou de doute. Mais si vous vous contentez de répéter les mots de cette liste, en disant simplement "Pouvoir" à vous-même, ces mots n'ont pas la nature d'une affirmation, et l'Esprit Extérieur ne risque pas de les nier ou de les mettre en doute.

« Pour adopter la bonne attitude pendant cet exercice, essayez au moins, momentanément, de ne pas penser à votre corps et à vos préoccupations extérieures, ce qui vous mettra automatiquement dans un état d'esprit idéal. Bien sûr, l'Esprit Extérieur va se mettre à errer et soulèvera des centaines d'idées, mais comme la voiture qui s'écartait de la bonne route, ramenez-le sans cesse sur le bon chemin. Cette tendance de l'Esprit Extérieur à errer diminuera progressivement au cours de ces périodes, et vous découvrirez bientôt que vous êtes en train de devenir un maître de la concentration.

« Ces exercices ne doivent pas provoquer de tensions, d'anxiétés, de soucis ou de contraintes. Consacrez-leur toujours une partie de vos soirées, à moins que vous ne soyez pris par des devoirs professionnels, sociaux ou familiaux. Permettez à ces mots de pénétrer et de s'enfoncer au creux de votre être, et comme des gouttes d'eau pure tombant dans un récipient d'eau sale, les choses non essentielles seront refoulées au-dehors, goutte à goutte, et à la fin, il ne restera que l'essentiel.

«Ces mots puissants vous aideront automatiquement à découvrir et à satisfaire vos besoins. Ils agissent sur votre Esprit Extérieur et votre Esprit Intérieur comme les substances nutritives contenues dans votre nourriture agissent sur votre organisme. Ne recherchez pas de résultats précis en faisant ces exercices, pas plus que vous ne cherchez à étudier les résultats de ce que vous mangez chaque jour.

«Pratiquez cette méditation tous les soirs, aussi régulièrement que possible, puis oubliez cet exercice jusqu'au lendemain soir. Les mots feront leur travail secrètement, sous la surface, sans que vous en soyez conscients, et leurs effets se manifesteront bientôt en vous-mêmes et dans vos affaires. »

Les mots feront leur travail secrètement, sous la surface, sans que vous en soyez conscients, et leurs effets se manifesteront bientôt en vous-mêmes et dans vos affaires.

15

Quelle que soit la personne ou la chose à laquelle vous opposez une résistance, que ce soit en pensées, en paroles ou en actes, sous la forme de critiques, d'envie, de jalousie, de haine, ou autrement, vous l'aidez assurément par votre résistance, et vous vous affaiblissez vous-même dans la même proportion.

« *Q*uand vous invoquez l'aide de cette Loi, vous n'avez besoin ni d'argent, ni d'amis, ni d'une influence quelconque pour atteindre tout ce que votre cœur désire.

« Votre situation dans la vie n'a pas la moindre importance. Peu importe également que votre ambition soit directement reliée au poste que vous occupez en ce moment, ou que vous deviez changer complètement d'emploi. Vous n'avez peut-être pas de projet bien défini dans la vie, excepté votre désir d'avancer. Mais tout le désir du monde ne vous mènera nulle part; ce que vous devez absolument faire dans un premier temps consiste à vous fixer un objectif bien défini en vous-même.

« Par conséquent, après avoir beaucoup réfléchi, vous vous fixez un but suprême. Même s'il se situe dans un avenir lointain, assurez-vous qu'il peut être atteint. Quelle est votre première étape? Si vous possédez votre propre entreprise, est-ce une augmentation nette du volume mensuel de vos affaires? Ou bien, si vous êtes salarié, visez-vous une promotion accompagnée d'une augmentation de salaire? Définissez votre premier objectif le plus immédiat dans votre élan vers votre but suprême.

«Une fois ce premier objectif atteint, que devez-vous faire? Fixez-vous-en un immédiatement qui surpasse le premier. Pourquoi? Parce que la nature particulière de l'Esprit Extérieur le fait retomber dans son inertie après avoir atteint un objectif. Vous pouvez l'imaginer disant quelque chose comme: "Eh bien, on m'a ordonné sans aucun ménagement et on m'a forcé à atteindre ce but; maintenant que je l'ai atteint, je vais me reposer." Et votre réponse sera: "Pas question de repos pour toi, car je me suis déjà attaqué à un autre objectif."

«Une fois que vous aurez obtenu cette précieuse force d'impulsion, conservez-la. Accrochez-vous-y. Au fur et à mesure qu'elle grandira, les différentes étapes de vos progrès se succéderont de plus en plus rapidement, jusqu'à ce qu'il vous soit possible d'atteindre un objectif, presque immédiatement.

«Le cheminement que vous suivez pour créer votre objectif est exactement

le même que le processus qui mène
à la croissance d'une graine. Une fois
celle-ci semée dans l'obscurité de la
terre, elle commence à exprimer ou à
manifester exactement l'image contenue
dans sa cellule de vie et, obéissant à la
loi, elle envoie vers le haut une pousse
à la recherche de la lumière. Au même
moment, elle envoie vers le bas des
racines qui cherchent de la nourriture. Si
dans sa progression vers le haut la pousse
rencontre des obstacles, elle n'essaie pas
de les ôter de son chemin par la force,
elle les contourne.

« Si les racines n'arrivent pas à
trouver la nourriture nécessaire, elles
se dessèchent. Si tout se déroule bien,
la graine fleurit et s'épanouit et, ayant
atteint son but, une nouvelle graine est
semée et le cycle recommence. Gardez
à l'esprit que ce processus se déploie
dans l'obscurité, sous la surface. Il en
va de même pour nous. C'est là que
toutes les grandes idées importantes se
développent.

« Par ailleurs, allez-vous surveiller sans arrêt, du coin de l'œil, la progression de ce phénomène ? Allez-vous vous inquiéter du déroulement de ce processus, à savoir s'il fonctionne vraiment ? Pas du tout. Vous avez fixé l'objectif. Vous avez planté la graine. Il ne vous viendrait pas à l'idée de déterrer une graine de votre jardin pour voir si elle est en train de germer. Vous l'avez plantée et arrosée, et il vous suffit de savoir que, conformément à la loi de sa nature, elle germera et fleurira.

De la même manière, rien sur terre ne peut empêcher votre objectif de s'extérioriser, de se réaliser, car rien dans ce monde ne peut invalider la Loi Universelle. Vous plantez une idée à la façon d'un germe. Vous la conservez dans votre esprit. Vous la nourrissez. Vous avez apporté votre contribution. Ayez confiance en la Loi : elle fera aussi la sienne.

« Rencontrerez-vous de la résistance ? Oh oui ! Votre activité même en crée. Pourquoi ? Parce que toute action doit s'appuyer sur une réaction. La résistance est le pôle négatif, l'action ou l'activité constitue le pôle positif, et vous avez besoin des deux. S'il n'y avait pas de résistance, il serait impossible d'agir.

« C'est la résistance qui maintient un avion en l'air. Sans résistance, il ne volerait pas, les oiseaux non plus ; les poissons ne pourraient pas nager et vous ne pourriez pas marcher. Au fur et à mesure que la puissance du moteur augmente, la force d'impulsion de l'avion et la résistance nécessaire pour le soutenir dans les airs s'accroissent. Plus grande est l'impulsion et la vitesse acquise, plus haute est l'altitude que l'avion peut atteindre.

« Voilà un bon exemple pour nous. Si nous voulons parvenir aux sommets des accomplissements, nous devons atteindre et maintenir la force d'impulsion. Une fois surmontées les difficultés probables des premières étapes, le travail devient alors un véritable charme, car il n'existe rien de plus réjouissant que la satisfaction d'avoir accompli quelque chose qui en vaut la peine.

« Souvenez-vous de cette grande vérité : Quelle que soit la personne ou la chose à laquelle vous opposez une résistance, que ce soit en pensées, en paroles ou en actes, sous la forme de critiques, d'envie, de jalousie, de haine, ou autrement, vous l'aidez assurément par votre résistance, et vous vous affaiblissez vous-même dans la même proportion.

« Pourquoi ? Parce que vous avez délibérément prélevé une partie de votre précieux élan vital, si nécessaire à votre progression, pour le transférer sur cette personne ou cette chose. Avez-vous déjà constaté l'épuisement de quelqu'un après un accès de colère ? S'épuiser, c'est se vider. Quelque chose s'en est allé, au bénéfice de l'autre personne, mais aux dépens de vous et de votre colère. Voilà un exemple du transfert de l'élan vital, sous une forme violente.

«Vous avez vraiment de la chance d'avoir appris ce genre de sagesse. Maintenant, mettez-la en pratique de toutes les manières possibles.»

Vous plantez une idée à la façon d'un germe. Vous la conservez dans votre esprit. Vous la nourrissez. Vous avez participé à votre façon. Ayez confiance en la Loi : elle fera de même.

16

Faites en sorte d'être le maître de votre être, et continuez votre route sans faiblir vers votre objectif.

« $\mathcal{Q}$uelle devrait être votre attitude en mettant en pratique ces enseignements? Quelle est l'attitude du vent tandis qu'il prend de la vitesse en route vers sa destination? Il ne laisse à personne, à aucun lieu, à aucune chose le pouvoir de l'entraver. Le soleil brille, la pluie tombe et le vent souffle partout de la même façon. Ils ne choisissent aucune personne ou chose, en particulier, pour tenter de les aider ou de leur nuire.

« Il y a là une leçon à tirer. Ceux qui essaient de vous entraver *vous aident* et vous devez donc les considérer comme des amis. C'est une sagesse d'un ordre supérieur.

« Gardez jalousement tout au fond de votre cœur le secret de vos aspirations, car il suscite une opposition de la part de votre Esprit Extérieur, qui se rebelle contre la discipline et le contrôle.

« Se voyant près d'être privé de sa liberté, il cherchera, comme un taureau sauvage dans son enclos, à s'échapper par tous les moyens, sauf celui que vous avez fourni. Je vous avertis : il vous procurera toutes sortes d'arguments dans l'espoir de vous convaincre de la futilité de votre but. Il vous incitera à parler de vos projets et de vos ambitions à d'autres, à ralentir votre activité, à douter de la puissance de la Loi qui est à votre service. Il va essayer par tous les moyens de vous déjouer. Et votre réponse à tout cela sera : "Obéis. Je suis le maître ici." Faites en sorte d'être le maître de votre être, et continuez votre route sans faiblir vers votre objectif.

« De temps à autre, vous traverserez des lieux étranges et ferez des détours, mais ne vous laissez pas troubler. Avec la sagesse de l'Esprit Intérieur au volant, vous roulerez sur la route la plus rapide, même si elle vous semblera parfois la plus longue.

« Ce conseil vous est indispensable tant que vous serez un débutant mais, avec l'expérience et la pratique, vous vous apercevrez que ces qualités font partie de votre être même. Par la suite, elles agiront automatiquement, sans aucun effort conscient de votre part.

« À quoi tout cela résulte-t-il ? Si vous poursuivez votre objectif avec persistance et gardez absolument hermétique le caractère secret, l'Esprit Extérieur ne trouvera pas de déversoir pour son énergie croissante ; et en désespoir de cause, il s'attellera à la tâche avec une énergie débordante, semblable à l'excès de vapeur s'échappant par la soupape de sûreté d'une chaudière, et votre objectif sera atteint.

« Nous voici parvenus à la fin de votre enseignement. À présent, il vous appartient d'agir et de mettre en pratique ce que vous avez appris. Si vous vivez vraiment la Loi, vous deviendrez le genre d'individus que les gens remarquent. Ils seront attirés instinctivement vers vous, sans trop savoir pourquoi, sur la rue, et dans vos activités sociales et professionnelles. Vous deviendrez un être mystérieux aux yeux du monde. Ne laissez pas ce phénomène vous monter à la tête. Remerciez, avec humilité et gratitude, le Pouvoir suprême qui a rendu cela possible. »

Quelle devrait être votre attitude en mettant en pratique ces enseignements ? Quelle est l'attitude du vent tandis qu'il prend de la vitesse en route vers sa destination ? Il ne laisse à personne, à aucun lieu, à aucune chose le pouvoir de l'entraver.